Shakti Morgane

Als Hexe wirken

Praxistipps

AF234720

Als Hexe wirken

Der Großen Göttin gewidmet und allen Anhängerinnen und Anhängern des 'Alten Pfad'. Möge uns die Große Göttin segnen.

Shakti Morgane „Als Hexe wirken – Praxistipps"

© 2021 Christiane Hausmann
Herstellung und Verlag:
BoD – Books on Demand, Norderstedt
ISBN: 9783754379554

Titelbild: Canva.com
Bild auf S. 68: Pixabay.de, Victoria Borodinova

Inhaltsverzeichnis

	Seite
Das Hexeneinmaleins	7
Selbstermächtigung	9
Persönliche Kraft entwickeln	13
Magie/Energie im Jahresverlauf	16
Als Priesterin wirken	20
Anrufung der Göttin	23
Spruch gegen Schlaflosigkeit	24
Instant-Spruch für einen Transformationszauber	25
Einfacher Zauberspruch und Kerzenmagie	28
Einen Unschuldigen retten	29
Vollmondritual	30
Vollmond Liebeszauber	32
Vollmond Geldritual	34
Neumondritual	35
Neumond Geldzauber	36
Geld anziehen	37
Verjüngungs-Elixier	39
Den inneren Heiler aktivieren	41

	Seite
Fernheilung	43
Beschwörung der Göttin Artemis	46
Heilung einer geliebten Person	48
Planeteneinflüsse auf die Magie/Energie	50
Die Elemente in der Magie	53
Einen magischen Schutzkreis ziehen	57
Einen wirksamen Bannfluch entwerfen	58
Spruch für Halloween	61
Ein Kerzenritual zur Realitätsumwandlung	63
Weihe einer Feder (Erkenntniszauber)	65
Spruch, um verloren Gegangenes zu finden	67
Über den eigenen Schatten springen	68
Traumweben mit Runen	71
Anmerkungen zu Göttinnen und Göttern	73

Das Hexeneinmaleins

Man deutet das Hexeneinmaleins oft als magisches Zahlenquadrat, dessen Summen jeweils 15 ergeben. Wobei nicht klar ist, was dieses Zahlenquadrat im Hinblick auf Faust's Problem für einen Sinn haben soll. Was war noch gleich das Faust-Problem? Verjüngung? Das ist reichlich verharmlosend ausgedrückt. In Wirklichkeit heißt das Faust-Problem: Verlust der Seele und Schwächung des Geistes/Willens. Damit es nicht dazu kommt, erhält Faust von der Hexe die Regel für die richtige Lebensweise in Form des Hexeneinmaleins übermittelt.

„Du mußt verstehn!
Aus Eins mach' Zehn,
Und Zwei laß gehn,
Und Drei mach' gleich,
So bist Du reich.
Verlier' die Vier!
Aus Fünf und Sechs,
So sagt die Hex',
Mach' Sieben und Acht,
So ist's vollbracht:
Und Neun ist Eins,
Und Zehn ist keins.
Das ist das Hexen-Einmal-Eins!"
(Goethe, Faust)

Die Auflösung des Rätsels gelingt, wenn man das Große Arkanum des Tarot benutzt. Aus Lebensrätsel wird dann eine Lebensregel. Hier die Zusammenfassung der Deutung aus meinem Buch: "Die Richtung der Kraft - Familienrepräsentation mit Tarot & Tarot. Der Schlüssel zur Magie", Seite 100:

"... Du beherrschst das Schicksal (Verhängnis/ Schatten) und erfüllst damit den Sinn deines Lebens, indem du deiner Natur entsprichst, dein Ziel im Auge behältst, dich nicht vom Streben nach Macht und Sicherheit um jeden Preis ablenken lässt, sondern aus deiner Erfahrung und mit deinen Möglichkeiten für das Gleichgewicht in deiner Welt sorgst. – Dann handelst du weise wie ein Magier, denn auf die Entscheidung im Einklang mit der Kraft, die ausgleicht kommt es an."

Erfolgreiche Magie beruht demnach auf ein Handeln im Einklang mit der Kraft, die ausgleicht. Eine ausführliche Anleitung wie man mittels Tarot in Einklang mit der Kraft, die ausgleicht kommen kann, habe ich ebenfalls im o.g. Buch beschrieben. Eine Kurzanleitung findet sich in meinem ‚Buch der Schatten'. Das vorliegende Buch ist dagegen auf die magische Erfassung des gewünschten Ziels in der Praxis der ‚niederen Magie' ausgerichtet, was die intuitive Erkenntnis des richtigen Weges, die richtige Entscheidung, bereits voraussetzt.

Selbstermächtigung

Von der modernen Wissenschaft wird den Menschen der individuelle Besitz von Geist und Seele in Abrede gestellt. Aber wir wissen es besser, denn Wissenschaft wird größtenteils schon lange nicht mehr im Erkenntnis- sondern nur noch im Lenkungsinteresse betrieben. Deshalb will man uns im Namen der Wissenschaft vorschreiben, was wir zu tun haben und was für uns gut ist. Aber niemand hat uns etwas vorzuschreiben, denn wir sind Kinder des Universums genau wie alle anderen Lebewesen auf diesem Planeten. Wir haben ein Recht hier zu sein und uns frei zu entfalten. Wer uns etwas vorschreiben will, im Namen von was auch immer, der erhebt sich über uns, verhält sich anmaßend und macht uns unser Existenzrecht streitig. Das können wir nicht zulassen, wenn wir leben wollen.

Leben, Liebe, Freude, Licht
sind alles dasselbe.
Wer weiß das nicht?
Der kann sich's jetzt denken
und damit sein Schicksal
in eine andere Richtung lenken.

Zeitreise

Wie es scheint sind wir in der historischen Zeitspirale auf neuem Niveau wieder am

Übergang vom Spätmittelalter zur Neuzeit angekommen. Das Imperium - die Kleptokratie - hat im Frühjahr 2020 zugeschlagen. Es hat aus der jährlichen Grippe einen Popanz gemacht, um die Menschenmassen in Angst und Schrecken zu versetzen, damit man ihnen umso leichter 'Brot und Spiele' wegnehmen kann. Der neue Pandemieglaube dient dazu, die Massen durch 'Ablasshandel' abzukassieren: Wer 'Brot und Spiele' zurück haben will, so wird versprochen, muss sich freikaufen (Apps, Impfung, Testung, Immunitätsausweis etc.). Allen, die den Pandemieglauben nicht annehmen wollen droht die 'Inquisition' mit Verfolgung (Verschwörungstheorie, Spinner, Gefährder etc.).

Aber, was die Pharmaindustrie nicht wissen will: "Gesundheit kauft man nicht im Handel. Sie liegt im Lebenswandel." (Karl Kötschau) Der Mensch ist keine Maschine. Er besteht aus Körper, Seele und Geist. Der Körper ist der Tempel des Geistes und unterliegt den natürlichen Bedingungen auf dem Planeten Erde. Dazu gehört, dass Viren und Bakterien überall sind, in uns und um uns herum. Aber dein Geist bestimmt deinen Körper. Er entscheidet, ob sich Viren in deinem Körper vermehren können und dich krank machen oder nicht. Von der Kraft deines Geistes hängt es ab, ob du krank wirst. Dein Geist bestimmt, ob du immun bist gegen Bakterien und Viren und nicht die Pharmaindustrie. Wenn du jedoch krank wirst, ist dein Geist zu schwach. Oder anders ausgedrückt: Krankheit ebenso wie Gesundheit beginnt im Geiste. Von deinem Lebenswandel wiederum hängt es ab, ob dein Geist stark oder schwach ist.[1]

Damit ist das Geschäftsmodell der Pharmaindustrie hinfällig. Entsprechend aggressiv versuchen sie mit ihrer kriminellen Marketingstrategie, bei der die Regierungen der Welt mit einbezogen werden, ihre Produkte zu verkaufen, indem sie die Menschen u. a. mittels Indoktrination zwingen wollen, sie ihnen abzunehmen. In Wirklichkeit ist die Pharmaindustrie aber genauso wenig an der Gesundheit interessiert wie die Waffenindustrie am Frieden.

Um dem Verhängnis (in diesem Fall der ideologischen Gehirnwäsche durch Scharlatane) zu entgehen, leisten wir Widerstand

---

1   Der Arzt Claude Bernard bewies diesen Sachverhalt dadurch, dass er absichtlich ein Glas Wasser mit Cholerabakterien trank, aber nicht erkrankte, weil sein Lebensstil ein gesundes ‚inneres Millieu' im Körper beinhaltete. - Er wusste was er tat und hatte einen starken Geist. Keinesfalls nachmachen!

und rufen in Zeiten der Unsicherheit das Universum, die universelle Lebenskraft, die Große Göttin zu Hilfe.

Für magische Unterstützung, wenn du z. B. deine Selbstsicherheit verloren hast, sprich voller Vertrauen dreimal:

Ich rufe all meine Kraft zu mir zurück.
Ich bin ein magisches Wesen, zum Glück.
Altes Wissen aus ferner Zeit
erleuchtet mich und macht mich gescheit.
Die Große Göttin steht mir bei.
Das ist mein Wille, auf dass es so sei.

Lady Gwen Thompson sagt in der Wiccan-Rede: „Wenn Missgeschick regiert dunkle Tage, auf deiner Stirn einen Stern dann trage." Damit plädiert sie für die Stärkung der Kraft des eigenen Geistes (Stern). Ebenso steht es in der Desiderata, der Inschrift in der alten St. Paul's Kirche, Baltimore von 1692: „Stärke die Kraft des Geistes, damit er dich bei plötzlich hereinbrechendem Unglück schütze."

Persönliche Kraft entwickeln

Zur Entwicklung der persönlichen Kraft bzw. der Kraft des eigenen Geistes müssen wir zuerst unsere Gehirnhälften synchronisieren. In der Regel ist die linke Gehirnhälfte stärker entwickelt als die rechte, da wir von Geburt an auf das logische, lineare Denken ‚getrimmt' werden. Zur Stärkung der geistigen Kraft bzw. zur Synchronisierung des Gehirns führen alle schöpferischen Tätigkeiten und künstlerischen Beschäftigungen wie das Malen, Dichten, Musizieren, Tanzen, Entwerfen, Basteln, Fantasieren, Komponieren, Konstruieren etc..

Fange damit an, deine persönliche Geschichte kreativ als Märchen aufzuschreiben. Frage dich zuerst, was du dir sehnlichst wünschst aber im Moment nicht weißt wie du es erreichen sollst. Ist es Geld, Liebe, Freunde, Familie oder Schlankheit, Schönheit, Durchsetzungskraft, etc.? Was ist dein Problem? Formuliere dein Problem.

Beispiel einer Problemformulierung für den Wunsch nach Liebe:

> Ich bin so allein. Mein Mann interessiert sich nicht mehr für mich. Für meinen Sohn bin ich die Köchin und Putzfrau. Immer wenn ich darüber sprechen will, hört mir keiner zu. Was soll ich nur tun?

Daraus wird ganz kreativ eine Märchen-variante gemacht. Für den Abstand zum eigenen Selbst ist es wichtig in der dritten Person zu schreiben, gewissermaßen aus der Vogelperspektive, etwa so:

> Die Königin saß in ihrem Schlafzimmer und dachte an vergangene Zeiten. Einst hatte sie einen tapferen Ritter geheiratet und zum König gemacht. Sie wohnten in dem Schloss, das sie von ihrem Vater geerbt hatte und bekamen einen Sohn, der als einziges Kind von allen verwöhnt wurde. Alle waren glücklich. Doch dann wurde der König immer mehr von allerlei Staats-geschäften in Anspruch genommen und verlagerte seinen Lebensmittel-punkt in gesellschaftliche und poli-tische Bereiche hinein. Er hatte kaum noch Zeit für seine Familie. Der Prinz wuchs heran und strebte seinem Vater nach. Die Königin, seine Mutter, hatte er gern, jedoch begriff er nicht, was für ein Glück er hatte und dass es durchaus nicht selbstverständlich war, eine Mutter zu haben, die immer für einen da war.
> Doch eines Tages blickte die Königin aus dem Schlafzimmerfenster im Schlossturm und da sah sie wie unten am Fluss im hellen Sonnenschein

fahrendes Volk in Wohnwagen und Zelten ein Lager aufschlug. ...

Wie soll die Geschichte weitergehen?
Schreibe deine eigene Geschichte ebenfalls bis zu einem Wendepunkt und schreibe sie an diesem Punkt so weiter, dass schließlich dein Wunsch in Erfüllung geht – oder nicht mehr wichtig ist.
Sobald du diese Aufgabe erledigt hast, hat deine geistige Kraft an Stärke zugenommen.

Magie/Energie der Erde im Jahresverlauf der Sonne ...

... für einen gesunden Lebenswandel

November – Zeit, sich auf seine Gefühle zu besinnen und sich mit Meditation nach innen zu wenden.

Glückssteine: Perle, Hämatit

Göttinnen: Hekate (16.) und Artemis (22.)

Sternbild: Skorpion

Dezember – Zeit, sich um seine Mitmenschen, Haustiere und Schutzbefohlenen liebevoll zu kümmern.

Glückssteine: Katzenauge, Lapislazuli

Göttinnen: Bona Dea (1.), Lucina (21.), Frau Holle (25.), Vesta (31.)

Sternbild: Schütze

Januar – Zeit, das neugeborene Licht für Reinigungsrituale und Orakelbefragung zu benutzen.

Glückssteine: Türkis, Malachit

Göttinnen: Nanshe (1.), Luna (6.), Justitia/ägypt. Ma'at (8.) Carmenta (15.) und Pax (30.)

Sternbild: Steinbock

Februar – Die Zeit des Übergangs ist für Reinigungsrituale und die Besänftigung der Ahnengeister und Toten, indem wir ihrer gedenken sowie die Zuwendung zum Leben durch Liebesrituale und Romantik besonders geeignet.

Glückssteine: Heliotrop, Aquamarin

Göttinnen: Brigit (1.), Diana (11.), Hekate (16.), Aphrodite (14.-21.), Hygeia (26.)

Sternbild: Wassermann

März – Wiedergeburt der Naturkräfte. Zeit, neue Vorhaben mit frischem Mut zu beginnen. Pflanzen aussäen, Liebesrituale und Reichtumsrituale ausführen.

Glückssteine: Jade, Amethyst

Göttinnen: Juno (1.), Isis (5.), Aphrodite (9.), Nagini (14.), Libera (17.), Ostara (21.), Bastet (22.), Mati (25.)

Sternbild: Fische

April – Der Monat der Veränderungen und Turbulenzen ist geeignet für das Aufräumen, 'reinen Tisch machen' und die Weichen für den Rest des Jahres stellen.

Glückssteine: Opal, Granat

Göttinnen und Götter: Tellus Mater (15.), Ceres (19.), Tanit und Bel (30.)

Sternbild: Widder

Mai – Zeit der neuen Blütenpracht und Freude an Beltane (1.) nutzen für Harmoniezauber.

Glückssteine: Saphir, Achat

Göttinnen und Götter: Maja (1.), Sheila NaGig (5.), Pan (18.), Kali (24.)

Sternbild: Stier

Juni – Zeit der Fülle nutzen für Gesundheits-, Reichtums- und Liebeszauber sowie ein Lichtritual zur Sommersonnenwende (21.).

Glückssteine: Mondstein, Zitrin

Göttinnen: Carna (1.), Vesta (9.), die Musen (14.), Fortuna (24.)

Sternbild: Zwillinge

Juli – Zeit des Innehaltens und Gedenkens an den ewigen Kreislauf von Werden und Vergehen in der Natur. Kräuteröle und Tinkturen herstellen.

Glückssteine: roter Jaspis, Mondstein

Göttinnen u. Götter: Cerridwen (3.), Demeter (13.), Hochzeit von Isis und Osiris (19.)

Sternbild: Krebs

August – Zeit der Ernte und Geselligkeit. An Lammas (1.) Orakel befragen und dankbar für das eigene Leben sein.

Glückssteine: Bergkristall, Diamant

Göttinnen: Habondias (1.), Hekate (13.), Mutter Maria (15.), die Moiren (23.).

Sternbild: Löwe

September – Zeit des Rückzugs. Bestandsaufnahme gelungener Projekte und Zauber.

Sich an Mabon (23.) mit dem eigenen Schutz-geist verbinden. Fest der Lichtwesen (29.).

Glückssteine: Achat, Tigerauge

Göttinnen und Götter: Venus (13.), Thot (19.), Baubo (28.)

Sternbild: Jungfrau

Oktober – Zeit des Loslassens. In der Nacht auf Samhain (31.) wird das Fest der Unter-weltgöttin gefeiert.

Glücksteine: Jaspis, Rosenquarz

Göttinnen: Fides (1.), Demeter (11.), Hathor (26.).

Sternbild: Waage

Da die Sonne derzeit am 21.3. (Ostara) im Sternbild des Wassermanns aufgeht, befinden wir uns gerade im Zeitalter des Wasser-manns. Es wird ca. 2150 Jahre dauern und hat am 21.12.2012 begonnen.

Wer beispielsweise im März 2021 geboren wurde, ist nun unter dem Sternbild Wasser-mann geboren und nicht mehr unter dem Sternbild Fische.

Als Priesterin wirken

Wenn du dem ‚Alten Pfad' folgst, haben wir bei Vollmond eine Verabredung mit der ‚Kraft'. Wir werden uns auf den Naturgeist in uns beziehen und einen Bannfluch sprechen, um unsere Peiniger zu bestrafen. Dazu brauchen wir von ihnen keine persönlichen Gegenstände. Es genügt vollkommen das auszusprechen was wir verbannen. Wie sagte doch einst ein großer Philosoph? „Die abwesenden Dinge nennen, heißt den Bann der existierenden Dinge brechen." (H. Marcuse)

Für diesen Zauber brauchst du:

Einen Apfel: Er symbolisiert in diesem Fall das ‚globale Ausmaß'.
Minze: Sie symbolisiert das menschliche Leiden.
Grünes Band: Es symbolisiert die gebundene Lebenskraft.
Einen Holzspieß: Er symbolisiert die Absicht.
Das Papier mit dem Zauberspruch.

Wenn der Mond sichtbar ist, bring dich in Stimmung. Tanze z.B. einen Baladi, oder schlage eine Schamanentrommel, je nach dem was dir hilft, deinen Alltagshorizont zu überschreiten und deinen Naturgeist zu kontaktieren.[2] Ziehe den Mond auf dich herab

---

2   Alkohol und Drogen sind nicht erlaubt. Sie verfälschen das Bewusstsein.

und gehe in deiner Vollmond-Trance vor deinen Altar oder Schrein. Zünde eine Kerze an. Dann halbiere den Apfel. Die eine Hälfte des Apfels innen mit Minze einreiben und dabei dreimal laut aussprechen was gebannt werden soll. Hierfür kannst du diesen Spruch benutzen.

In mir wirkt die Große Göttin dabei,
in Gestalt der mächtigen Drei,
das Übel zu zerstören
und Freiheit zu gewähren.
Der Missbrauch der Macht
ist hiermit zu Fall gebracht,
damit die Inszenierung der Seuche
von diesem Planeten entweiche.
Allen Betrügern, die uns bestehlen,
wird jetzt der Lebensmut fehlen.
Was sie für uns ersonnen,
ist über sie selbst gekommen.

Das ist mein Wille, ich bin so frei.
Die Göttin hilft und steht mir bei.
Für jeden ersichtlich, so richtet sie's ein.
Der Fluch der bösen Tat holt alle ein.
Für immer gebannt,
weil ich es genannt,
in dieser Nacht.
So ist es vollbracht.

Das Papier mit dem Zauberspruch an der Kerze entzünden und verbrennen. Anschließend den Apfel mit dem Holzspieß zusammen stecken und mit dem grünen Band umwickeln. Nun das Ganze draußen an einem stillen Ort, der nur dir bekannt ist, in der Erde vergraben. Sobald der Apfel verfault ist, sollte das Problem gelöst sein.

Der abnehmende Mond wird jetzt das ‚globale Ausmaß des Leidens' mit sich fort nehmen und die darin gebundene Lebenskraft wieder frei setzen.

Anschließend vergiss das Ganze und sei guter Dinge in der Gewissheit, dass die Große Göttin für uns sorgt und helfende Hände dich nachts in der Unterwelt stützen.

Sollte sich der Vollmond in dieser Nacht jedoch nicht zeigen, lass von dem Ritual ab. Offensichtlich hat die Große Göttin andere Pläne.

Anrufung der Göttin

Ave Maria,
Mutter Gottes,
Große Göttin
steh mir zur Seite
in Freude und Angst,
in Licht und Finsternis,
im Werden und Vergehen.
Durch Raum und Zeit
nimm weg das Leid.
Hilf mir, mich zu befrein.
Der Gegner muss es bereuen.
So soll es sein.

Spruch gegen Schlaflosigkeit

Bitte den Mond, dir beim Schlafen zu helfen. Sammle dich eine kleine Weile auf dich selbst bevor du zu Bett gehst. Vielleicht mithilfe einer kurzen Meditation. Wenn du im Bett liegst, konzentriere dich auf deinen Atem. Stell dich auf deine Nase ein und atme ein und atme aus. Atme in das Herzchakra ein und in das Sakralchakra aus. Übe das ein kleine Weile, dann sprich innerlich während du weiter ins Herzchakra ein und ins Sakral-chakra ausatmest:

Große Göttin, die Du wachst,
schütze meinen Schlaf
ganz tief heute Nacht.
Damit ich sehe, dass Du vollbracht,
das Wunder einer guten Nacht.

Wiederhole diesen Spruch bis du einschläfst.

Ein weiterer Einschlafspruch

Das Trauma jetzt im Traum zerrinnt.
So wie die Spinne ihr Netzwerk spinnt,
so wird es wieder abgebaut.
Durch Raum und Zeit
der alte Alb vom Traum geklaut.

Instant-Spruch für einen Transformationszauber

Dieser Zauberspruch ist die Lösung für alle Probleme. Es muss lediglich je nach gewünschtem Ergebnis die sechste Zeile ausgetauscht und an die eigene Absicht angepasst werden.

Ich rufe die Große Göttin herbei
in Gestalt der Mächtigen Drei.
Nimm weg dies Übel
und mache mich frei.
Durch die Macht von 3 x 3
geht es mir gut,
auf dass es so sei.

Den Spruch 9 x hintereinander sprechen.

Erklärung:

Mit 'Gestalt der Mächtigen Drei' ist die Dreigestaltige Göttin gemeint. Sie ist zuständig für Transformation.

Die Zeile 'geht es mir gut' wird ausgetauscht, je nach Wunsch, z. B.:

wähle ich Schönheit
wähle ich Schlankheit
wähle ich Wohlstand

wähle ich Gesundheit
wähle ich Glück
bekomme ich den Job
finde ich die Liebe
finde ich Freunde
habe ich schöne Träume
kann ich schlafen
kann ich klar sehen
erkenne ich die Wahrheit
...
usw. - Du weißt, was du am dringendsten brauchst, was dein sehnlichster Wunsch ist, ergänze es selbst.

Natürlich kannst du anschließend nicht die Hände in den Schoß legen, sondern du musst für einen gesunden Lebenswandel ebenfalls etwas tun, um das Ziel mithilfe der Göttin zu erreichen. Die Göttin steht dir bei.

Im Falle von 'Schönheit', musst du vielleicht lernen, dich selbst zu lieben und unschöne Gewohnheiten aufgeben wie z. B. Rauchen, Trinken, zu viel oder das Falsche essen etc., Illusionen aufgeben, Enttäuschungen als solche akzeptieren und aus ihnen lernen.
Das Gleiche gilt für 'Schlankheit'.
Beim Problem 'Wohlstand' solltest du vielleicht deine Einstellung zum Geld überprüfen. Bist du geizig oder großzügig, bist du naiv oder ,clever', läufst du dem Geld hinterher oder vertraust du auf dein Glück, bist du missgünstig oder gönnerhaft deinen Mit-

menschen gegenüber? Wie gehst du mit deiner Energie um? Verausgabst du dich oft für andere und hast dann keine Kraft mehr für dich selbst, für das was du eigentlich willst? GEBEN und NEHMEN müssen immer ins Gleichgewicht gebracht werden. Der Reiche muss von seinem Reichtum abgeben und der Arme muss das ihm Zustehende einfordern, andernfalls haben beide die natürliche Kraft des Ausgleichs – die Göttin Ma'at – gegen sich.

Bei dem Problem 'Krankheit' musst du dir selbst, deiner Seele zuhören lernen und aufhören, gegen dich zu handeln. Trenn dich ggf. von 'giftigen' Menschen und/oder ändere deine innere Entscheidung.

Die Themen ‚guter Job', ‚Freunde', ‚Liebe' haben viel mit Vertrauen ins Schicksal zu tun. Das sind Dinge, die einem zufallen, die man geschenkt bekommt. Hier kann man nichts erzwingen, nur darauf vertrauen, dass die Göttin einem hilft, den eigenen Charakter zu formen. Um zu erfahren, wie deine Chancen stehen, kannst du das Orakel (S. 72) befragen.

Die Themen Träume, Schlafen, 'klar denken' haben mit Stress-Abbau zutun. Versuche mehr Zeit in der Natur zu verbringen und ggf. mehr Sport zu treiben.

Die ‚Wahrheit' kann man erkennen, wenn man sich nach Innen wendet (z.B. Traum-deutung, Meditation, Orakel befragen) und darauf vertraut, dass die Göttin einem bei der Erkenntnis hilft.

Wiederhole von Zeit zu Zeit diesen Spruch, der deine Absicht enthält, solange bis das Ziel erreicht ist.

Einfacher Zauberspruch und Kerzenmagie

Ich rufe die große Göttin herbei
in Gestalt der mächtigen Drei.
Nimm weg dies Übel, mach mich frei.
Durch die Macht von 3 x 3
wirke der Zauber,
auf dass es so sei.

Kerzenmagie

Spruch beim Kerze-anzünden aufsagen. Flam-me beim Brennen beobachten.
Kerzenflamme flackert abwechselnd mit ruhi-gen Phasen = Geist ist anwesend.
Beim Löschen mit dem Kerzenlöscher: weißer Rauch steigt auf = Segnung.
Weißer Rauch fliegt zu mir hin = Wunsch geht in Erfüllung.

Einen Unschuldigen retten

Ich rufe die Große Göttin herbei,
in Gestalt der Mächtigen Drei.
Nimm weg das Übel
mache -Name des Unschuldigen- frei.

Die Tage seiner/ihrer Feinde
müssen weniger werden.
Das Amt seiner/ihrer Feinde
muss ein anderer empfangen.
Sie sollen selbst erleben,
was sie begangen.

Die Große Göttin steht -Name des Unschuldigen- jetzt bei.
Im Namen der Ma'at bin ich so frei,
die Köpfe seiner/ihrer Feinde
zu verbannen vom Antlitz der Erde.
Das ist mein Wille,
auf dass es so werde.

Von einer Priesterin der „Alten Religion" 3 x gesprochen,[3] kann das transformierend auf die Realität wirken. Denn eine Priesterin befindet sich im Einklang mit der Göttin Ma'at, deren Erlaubnis zum Ausüben des Zaubers sie vorher eingeholt hat.

---

3   Frei nach einer Idee in der Bibel, Psalm Davids 109, Vers 8

Vollmondritual

1. Am Abend des Vollmonds nimm ein Bad oder eine Dusche. Kleide dich in dein Ritualgewand.

2. Wenn der Mond aufgegangen ist, gehe auf den Balkon oder in den Garten und ziehe den Mond energetisch auf dich herab: Breite die Arme aus und spüre die Mondenergie über die Handflächen in deine Arme strömen, kreuze die Arme über der Brust und lass die Energie über die Handinnenflächen in dein Herz strömen. Sprich:

Sei willkommen, Frau Luna,
in dieser Nacht,
schenk mir den Zauber,
an den ich gedacht.
Stärke mein Wandeln
mit Energie zum Handeln.
Gib mir die Macht,
dass es werde vollbracht.

3. Gehe anschließend vor deinen Altar, ziehe den magischen Kreis groß genug und tanze darin zwecks Steigerung der Energie vor dem Abbild deiner Göttin einen Baladi. Dieser Tanz verschafft dir die zum Zaubern nötige Ich-Transzendenz.

4. Sobald du die Anwesenheit deiner Göttin energetisch spürst, kannst du mit deinem magischen Vorhaben beginnen: z.b. Liebeszauber, Amulettherstellung, Gesundheitszauber, Tinktur abfiltern, Salbe herstellen, Kräuterweihe, Orakel befragen, etc., je nach dem, was dir gerade wichtig ist.

5. Nachdem du damit fertig bist, bedanke dich mit eigenen Worten bei deiner Göttin für ihren Beistand. Bringe ein Trankopfer dar und verabschiede dich von ihr, indem du vor ihrem Abbild niederkniest und mit zusammen gelegten Händen dein Drittes Auge berührst. Verharre eine kleine Weile in dieser Haltung mit der Zuversicht, dass die magische Kraft nun das vollbringe, was du gewünscht, auf dass es gelinge. Öffne den magischen Kreis.

6. Beende das Ritual, sprich nicht darüber und denke nicht weiter darüber nach.

Vollmond Liebeszauber

Im Rahmen eines Vollmondrituals (siehe oben) salbe eine rosa Kerze mit Basilikum und Zimtöl und schreib auf einen Zettel den Namen des Paares, für den der Zauber gemacht wird.

Zünde die Kerze innerhalb eines Kristallgitters in Form einer horizontal liegenden Acht aus 10 Rosenquarzstücken und 12 spitzen Bergkristallen (immer abwechselnd gelegt) an. Die Kerze markiert den Schnittpunkt der beiden Kreise der Acht. Lege den Zettel unter die Kerze.
Visualisiere im Kerzenlicht das glückliche Paar dann sprich dreimal hintereinander:

In dieser gesegneten Nacht
bitte ich Aphrodite,
mir den Wunsch zu gewähren,
zwei Herzen zu vereinen.
Das Glück soll sie nähren.
Von nun an und in Zukunft
mag ihnen beschieden,
gemeinsam zu gehen
den Weg des Lebens
jetzt und hienieden.
Auf dass alle es fühlen,
so soll es sein.
Für jedermann sichtbar

und niemandem zum Schaden
finden zwei ihren roten Faden.
Ein Herz und eine Seele,
weil ich es befehle,
werden zwei nun sein.
Aphrodite richtet es ein.

Lass die Kerze abbrennen, lege den zusammengefalteten Zettel in ein Kästchen und verwahre es gut. Opfere eine Spende für einen guten Zweck. Vergiss das Ganze. Der Zauber findet nun seinen eigenen Weg.

Vollmond Geld Ritual

Du brauchst eine grüne Kerze und Sandel-holzöl. Salbe die Kerze und ritze deinen Namen hinein.
Stelle sie auf deinen Altar. Wenn du den Mond auf dich herab gezogen hast, gehe vor deinen Altar, zünde die Kerze an und sprich:

Der volle Mond soll mir gewähren
alle Wünsche, mich zu kleiden und zu nähren.
Bring Wohlstand in mein Leben.
Ich will auch reichlich geben.
Probleme sollen vergehen wie der Wind.
Es soll mir helfen das himmlische Kind.
Niemand komme zu Schaden dabei.
Das ist mein Wille, auf dass es so sei.

Wiederhole den Spruch noch zweimal. Lass die Kerze abbrennen und lösche sie nicht. Allmählich wird sich in nächster Zeit deine Wirklichkeit verändern.

Neumondritual

Eine einfache Huldigung zur Begrüßung der Göttin.

Du brauchst einen Schleier, Musik und ein Räucherstäbchen.

Zur Zeit des Neumonds vollführe einen Schleiertanz. Anschließend entzünde ein Räucherstäbchen, nimm es in die rechte Hand und strecke deine Arme gen Himmel.
Sprich dreimal:

Neuer Mond, mein Lebensstern,
neuer Mond, ich hab Dich gern.
Dir Göttin, nun im neuen Stand,
gilt der Gruß von meiner Hand.
Alles Übel ist zerronnen,
ein neuer Zyklus hat begonnen.
Um das Glück jetzt zu gewinnen,
soll mit Dir alles beginnen.
Du bist mein Sehnen und mein Streben,
denn durch Dich kommt alles Leben.

Stecke das Räucherstäbchen in einen Halter und lass es abbrennen in der Gewissheit, dass der Rauch über den Äther deinen Gruß zur Göttin trägt.

Neumond Geldzauber

Gehe bei Neumond in den Garten oder auf den Balkon, halte eine Silbermünze in der Hand und sprich voller Inbrunst:

Göttin der Nacht
gib auf mich acht.
Weil der Mond im neuen Stand,
küss ich zweimal Deine Hand.
Göttin der Nacht,
das Glück mir lacht.
Schenk mir den Traum,
der reich mich macht.

Wiederhole den Spruch noch zweimal. Dann lege die Silbermünze jede nacht bis zum nächsten Vollmond unter dein Kopfkissen. Morgens notiere und deute deine Träume. Einer wird in dieser Zeit dabei sein, der dir hilft, deine finanzielle Situation zu verbessern. Setze ihn in die Tat um, selbst wenn es langwierig sein sollte.

Geld anziehen

Du brauchst 2 Geldscheine. In der Zeit von Neumond zu Vollmond, also bei zunehmendem Mond, gehe auf den Balkon, in den Garten, oder nach draußen. Nimm in jede Hand 1 Geldschein und sprich 3 x diesen Spruch:

Oh guter Mond
am Himmel hell,
bring Geld zu mir,
schick Wohlstand schnell,
das Armuts-Übel lass verschwinden,
damit mein Glück
jetzt kann mich finden.
Oh guter Mond
mit hellem Schein,
das ist mein Wille,
so soll es sein.

Lege die Scheine in dein Sparschwein. Es sollte bald mehr Geld hinzukommen.

Einfacher Geldzauber

Diesen Zauber kannst du jederzeit ausführen. Nimm eine Münze aus deinem Geldbeutel, betrachte sie und freue dich, dass du sie hast.

Wenn du das nächste mal einen Bettler triffst, gib ihm die Münze. Bevor du sie ihm gibst, sprich zu der Münze:

Liebe Münze, du bist mein Glück,
vermehre dich und komm zurück.

Dann hauche kurz auf die Münze zusammen mit der Vision, wie sie massenhaft zu dir zurück kommt und gib sie dem Armen.

Kräuter Geldzauber

Füge Brennessel deiner Gründonnerstags-suppe hinzu, dann wirst du das ganze Jahr über genug Geld haben.

Verjüngungs-Elixier

Hier ist ein Verjüngungselixier: Es wird bei Neumond angesetzt und beim nächsten Vollmond kannst du es abseihen.

Zutaten: vier kleine oder drei große Knoblauchzehen und 100 ml Alkohol.

Zubereitung: Zuerst die Knoblauchzehen blättrig schneiden und in ein sauberes Schraubglas geben.

Schütte den Alkohol darüber und verschließe das Glas. Kurz durchschütteln und in einen Schrank stellen. Bis zum nächsten Vollmond warten.

Bei der Zubereitung solltest du einen selbst kreierten Spruch sprechen, der deine Absicht enthält.

Vorschlag von mir:

Knoblauch-Kraft ich bitte Dich,
Knoblauch-Kraft erhöre mich,
zieh mit dem Mond in den Rum hinein,
damit ich wieder jung kann sein.

Nachdem das Elixier fertig ist, kannst du für eine Kur zur Verjüngung am ersten Tag 3 Tropfen mit Wasser vermengen und einnehmen. Am nächsten Tag fügst du 2 Tropfen der Einnahme hinzu, danach immer 2 Tropfen mehr einnehmen bis die Anzahl von 20 Tropfen erreicht ist. Jetzt lasse jeden Tag bei der Einnahme 2 Tropfen weg, bis du wieder bei 3 Tropfen angekommen bist.

Dann warte 7 Tage und fange mit der Kur wieder an. Verfahre auf diese Weise solange, bis das Elixier aufgebraucht ist. Danach wirst du dich wieder jung fühlen.

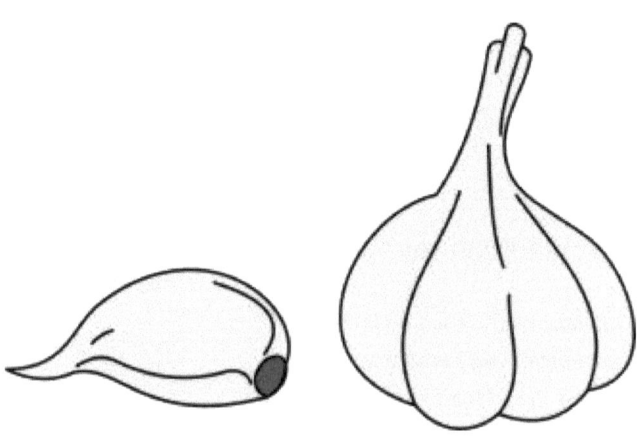

Den inneren Heiler aktivieren

Für dieses Meditationsritual musst du auf den Sommer warten. An einem schönen wolkenlosen Sonntag im Sommer gehe in die Natur und zwar möglichst an einen Ort, wo du mindestens 15 Minuten ungestört bist.
Nimm zwei etwa gleich große Bergkristalle mit, die als Handschmeichler gut in deine Hände passen. Außerdem reibe dich mit Sonnencreme ein. Punkt 12 Uhr setzt du dich an deinen Platz in die Sonne, nachdem du vorher einen magischen Schutzkreis um dich herum gezogen hast. Setze dich in deiner Meditationshaltung hin. Lege die Bergkristalle an jede Seite auf den Boden neben dich ab. Die Hände legst du mit den Handflächen nach oben in deinen Schoß. Schließe deine Augen. Sprich:

Liebe Sonne, heller Stern,
strahle in mich von nah und fern.
Lass mich deine Wärme spüren.
Du sollst von nun an mich berühren.
Wann immer ich nur an dich denke,
meine Energie von neuem lenke.

Jetzt spüre eine kleine Weile das Gefühl der Wärme auf deiner Haut und präge es dir ein, sodass du dich später wieder daran erinnern kannst.
Stell dir vor, wie das Licht der Sonne durch die Mitte deiner Stirn, durch das ‚dritte Auge‘ in dich hinein strömt, dein Inneres erhellt, durch

deine Arme hinunter in deine Hände fließt und von dort über die Handflächen wieder aus dir heraus. Konzentriere dich auf den Lichtstrom. Spüre wie er immer stärker durch dich hindurch fließt und in Fontänen über deine Handflächen heraus strömt. Danach lässt du den Strom langsam schwächer werden und das Fließen des Lichts aufhören. Jetzt hebst du deine Arme in die Höhe des „Dritten Auges" und legst deine Handflächen aneinander. Danke der Sonne dafür, dass sie ihre Energie mit dir geteilt hat.

Öffne nun deine Augen. Lege deine Handflächen jeweils auf einen Bergkristall an deiner Seite auf die Erde und lass die überschüssige Sonnenenergie in sie hinein fließen. Sie sind jetzt geweiht und werden dir als nützliche Helfer bei deinen Heilungen dienen. Danach öffne deinen Schutzkreis, ruhe dich ein wenig aus und spüre in dich hinein, um festzustellen wie du dich fühlst. Du solltest erfrischt und voller Energie sein.

OM MANI PADME HUM

Fernheilung

Auszuführen bei Dämmerung, wenn sich die Welten voneinander trennen.

Du brauchst 5 Teelichte und eine Figurine der Großen Göttin (z.B. schwarze Madonna aus Altöttingen) sowie eine Hand voll Bergkristall-Splitter oder Salz.

Salbe die Kerzen mit 1 Tropfen äth. Eucalyptus- Myrrhe-, Zimt- oder Minz-Öl. Während du die Kerzen salbst, sprich:

Im Namen der Großen Göttin,

die alles Leben schenkt,

weihe ich diese Kerzen

zur Heilung für den,

an den mein Herz denkt.

Setze dich bequem mit deinen Zutaten vor dich hin.

Platziere ein Foto der Person oder einen Zettel mit ihrem Namen in die Mitte der feuerfesten Platte.

Nimm deinen geweihten Kristall in beide Hände und erwärme ihn kurz. Stelle dir dabei vor, wie du dem Kristall heilende Sonnenenergie verleihst.

Platziere den Kristall vorsichtig auf dem Foto oder Namen.

Nimm die Bergkristall-Splitter oder das Salz und ziehe damit die Linie eines anrufenden Pentagramm um das Foto und den Kristall herum. Dann stelle die Kerzen an die Spitzen der Pentagramm-Zacken. Sie sollten einen Schutzkreis um das Foto bilden, das sich nun in der Mitte des Pentagramm befindet. Die Öffnung des Pentagramm sollte nach Norden weisen. In diese Öffnung stellst du die Schwarze Madonna bzw. deine Göttinnen-Figur mit dem Gesicht zum Kristall.

Zünde jede Kerze im Uhrzeigersinn an. Schaue in die Kerzenflammen und stelle dir vor, sie bilden einen feurigen, schützenden Kreis um deinen geliebten Menschen, um ihn sicher und stark zu machen. Stelle dir vor wie die Flammen die gesamte negative Energie im Körper der Person in leuchtendes, rein weißes, heilendes Licht verwandeln. Während die Kerzen brennen, stell dir außerdem vor wie die Person, die du heilen willst, gesund und munter, voller Energie, Tatendrang und Lebensfreude ist. Sprich:

Heilendes Licht, so hell,
vertreib alles Dunkle ganz schnell.
Göttin und Gott stehen Dir bei.
Damit Du, -Name der Person-,
von Krankheit wirst frei,
macht ISIS alles wieder heil.
Das ist mein Wille,
auf dass es so sei.

Wiederhole den Spruch noch zweimal,

dann schließe die Augen und stelle dir dieses heilende Licht vor, das durch den Kristall in den zu heilenden Menschen fließt. Denke daran, dass er gesund und vital ist, voller Energie und voller Zufriedenheit. Stelle dir sein lächelndes Gesicht vor, das dich mit Liebe und Freundlichkeit ansieht und denke darüber nach, wie glücklich die Person ist und dass ihr Körper gesund und stark ist.

Öffne deine Augen, lasse die Kerzen abbrennen und lösche sie nicht. Dann vergiss es und nimm deinen Alltag wieder auf.

Tipp: besorge dir ein großes Metall-Tablett, auf das du die Kerzen stellst. Stelle das Tablett an einen Platz, den Haustiere und kleine Kinder nicht erreichen können.

Achtung: Selbstverständlich sind Fernheilungen nur zulässig, wenn du vorher die Einwilligung der zu heilenden Person eingeholt hast.

Beschwörung der Göttin Artemis (Umkehrzauber)

Artemis ist die griechische Göttin der Jagd und die ihr geweihte Pflanze ist offenbar in der Lage, die Krankheitsdämonen zu verjagen.
Artemisia vulgaris fördert das luzide Träumen und somit die Erkenntnis.
Artemisia annua stärkt das Immunsystem und fördert die Gesundheit.

Bei existentieller Bedrohung durch einen skrupellosen, kaltherzigen Gegner und großer Not, wenn es um Leben und Tod geht, wende dich an Artemis. Mache den Zauber in deiner Küche. Ziehe den magischen Kreis um dich herum groß genug, damit Küchentisch, Kühlschrank und Herd darin Platz haben.

Für die Beschwörung der Göttin zünde eine Räucherkohle an und, wenn sie durchgeglüht ist, streue getrocknetes und pulverisiertes Artemisia vulgaris Kraut darauf.
Visualisiere im Rauch die Gestalt der Göttin und sprich dreimal:

Hexenkraut und Zaubertrank
macht – Name des Gegners - krank.
Entfernt ist fortan diese Pein.
Artemis lässt uns nicht allein.
Gepriesen sei der Übergang.

Anschließend bringe einen Topf mit Wasser zum Kochen. Nimm einen Eiswürfel aus dem Gefrierfach. Schreibe mit einem geeigneten Stift die Initialen des Gegners auf den Würfel, oder ritze sie ein. Wirf den Eiswürfel ins heiße Wasser und sprich:

Du willst mich vernichten.
Das ist gemein.
Nun sollst du selbst das Opfer sein.
Amen

Sieh zu wie der Eiswürfel schmilzt und verschwindet. Bedanke dich bei der Göttin und öffne den magischen Kreis. Dann vergiss es und denke nicht weiter darüber nach. Die Göttin sorgt für den Ausgleich. Achtung: Führe niemals leichtfertig diesen Zauber aus. Das sollte wohlüberlegt sein und du musst dir ganz sicher sein, dass der Spruch zutrifft und die Göttin Ma'at auf deiner Seite ist, denn auch du musst mit den Konsequenzen eines ausgeführten Zaubers leben.

Heilung einer geliebten Person

Auszuführen bei Dämmerung, wenn sich die Welten voneinander trennen.

Du brauchst 3 Kerzen, eine schwarze, eine weiße und eine gelbe oder goldene Kerze. Besorge dir durchgefärbte Kerzen.

Salbe die gelbe Kerze mit 3 Tropfen äth. Myrrhe- oder Minz-Öl. Während du die Kerze salbst, sprich:

Im Namen der Großen Göttin,
die alles Leben schenkt,
weihe ich diese Kerze
zur Heilung für den,
an dem mein Herz hängt.

Jetzt stelle die Kerzen in einem Dreieck auf, mit der Spitze zu dir. In die linke obere Ecke stelle die schwarze Kerze, in die rechte obere Ecke die weiße und die auf dich weisende Spitze bildet die gelbe Kerze. Stelle die gelbe Kerze auf ein Foto der Person, die du heilen willst. Wenn du kein Foto hast, ritze den Namen der Person in die gelbe Kerze.

Zünde die Kerzen im Uhrzeigersinn an. Beginne mit der schwarzen Kerze.

Während die Kerzen brennen, stell dir die Person, die du heilen willst, gesund und munter, voller Energie, Tatendrang und Lebensfreude vor. Sprich:

Heilendes Licht, so hell,
vertreib alles Dunkle ganz schnell.
Göttin und Gott stehn Dir bei,
damit Du, -Name der Person-,
von Krankheit wirst frei.
Das ist mein Wille,
auf dass es so sei.

Wiederhole den Spruch noch zweimal. Lasse die Kerzen abbrennen und lösche sie nicht. Dann vergiss es und nimm deinen Alltag wieder auf.

Tipp: besorge dir ein großes Metall-Tablett, auf das du die Kerzen stellst. Sorge dafür, dass sie nicht umkippen können, während sie abbrennen. Stelle das Tablett an einen Platz, den Haustiere und kleine Kinder nicht erreichen können.
Achtung: Heilung nur ausüben mit Einverständnis der zu heilenden Person.

Übrigens: Diesen Zauber kannst du auch für dich selbst machen, du musst nur die Worte für dich entsprechend umändern.

Planeteneinflüsse auf die Magie/Energie der Erde

Im Zeitablauf der Wochentage ehren wir die Planeten und deren Einfluss auf unsere Befindlichkeit auf Erden.

Am **Montag** ehren wir den Mond. Sein Tag ist besonders gut für Heilungszauber geeignet. Bei zunehmendem Mond und Vollmond ist seine Farbe weiß und alle weißen Steine, wie Mondstein, weiße Perle, weißer Achat etc., sind die ihm zugehörigen Kraftsteine zur Unterstützung unserer Psyche. Bei abnehmenden Mond und Dunkelmond ist seine Farbe schwarz und alle schwarzen Steine, wie Magnetit, schwarze Perle, Schungit, Schörl etc., können als Kraftsteine benutzt werden.

Am **Dienstag** ehren wir den Mars. Er stärkt unsere Lebenskraft. Sein Tag eignet sich gut für Liebeszauber und Umkehrzauber. Seine Farbe ist rot und alle roten Steine, wie Rubin, Granat, Carneol, Jaspis, Hämatit etc., können im Ritual oder als Schmuck am Dienstag verwendet werden, um unsere Psyche durch die Verbindung mit der Marsenergie zu stärken.

Am **Mittwoch** ehren wir den Merkur. Er hilft uns bei der Kommunikation und stärkt unsere Weisheit. Der Tag mit seiner männlichen Energie eignet sich gut für die Anrufung eines Gottes. Seine Farbe reicht von orange über gelb bis gelbbraun. Alle Steine dieser Farbe, wie Calzit, Carneol, Citrin, Tigerauge, Opal, Beryll, Bernstein etc. verbinden uns an diesem Tag mit der Merkurenergie und können im Ritual oder als Schmuck zur Stärkung unserer Psyche benutzt werden.

Am **Donnerstag** ehren wir den Jupiter. Er hilft uns bei der Evolution. Sein Tag eignet sich für Wohlstands- bzw. Wachstumszauber. Seine Farbe ist grün und alle grünen Steine, wie Jade, Smaragd, Serpentin, Malachit, Peridot, Aventurin etc., können im Ritual oder als Schmuck Verwendung finden, um die Verbindung mit der Jupiterenergie herzustellen.

Am **Freitag** ehren wir die Venus. Sie hilft uns bei Schutz- und Abwehr von Ungemach. Der Tag eignet sich besonders gut zur Anrufung einer Göttin und für Vollmondrituale. Die Farbe ist blau und alle blauen Steine, wie Türkis, Lapislazuli, Sodalith, Saphir, Aquamarin, Calzedon etc., sind ihr gewidmet.

Am **Samstag** ehren wir den Saturn. Er hilft uns bei der Stärkung unserer Willenskraft. Der Tag ist geeignet für Erkenntnis- und

Transformationszauber. Seine Farbe ist dunkelblau, indigo bis violett. Alle Steine dieser Fabe, wie Amethyst, dunkle Saphire, Onyx, Obsidian etc., können uns bei unserem Zauber helfen.

Am **Sonntag** ehren wir die Sonne. Sie hilft uns bei der Verbindung mit dem Lichtwesen in uns. Der Tag ist bestens geeignet für Erkenntniszauber, Heilung, Meditation und Transzendenz. Alles Durchsichtige, Kristall-klare und Lichte ist ihr gewidmet. Die Steine zur Verstärkung dieser Absicht sind z.B. Diamant, Bergkristall, Zirkon, Topas, Fluorid etc..

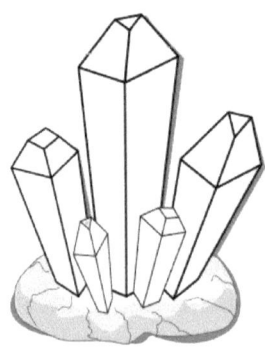

Die Elemente in der Magie

Für einen Erkenntniszauber benutze in deinem Ritual die Attribute des *Geistes der Luft* wie Federn und Rauch.

Für einen Heilungszauber benutze die Attribute des *Naturgeistes* wie Lichtwesen und Kräuterkräfte.

Für einen Reichtumszauber benutze die Attribute des *Geistes der Erde* wie Edelsteine und Metalle.

Zur Anrufung der Göttin und für ein Vollmondritual benutze die Attribute des *Wassergeistes* wie Spiegel, Flüsssigkeiten, Muscheln etc..

Für einen Transformationszauber benutze die Attribute des *Feuergeistes* wie in der Kerzenmagie.

Solltest du mit Geistern afroamerikanischer Religionen (Orishas/Loas) arbeiten, halte folgende Entsprechung ein:

Für einen Vollmondzauber begib dich mittels Ritual in MAMI WATAS (Aphrodite) ‚Unterwasserreich'. Für einen Erkenntniszauber stimme dich im Ritual auf OYA (Frau Holle) ein. Für Wohlstand wäre OSAIN (Fortuna) zuständig und SHANGO (Artemis) für den Umkehrzauber. ELEGBA (Loki) als Mittler zwischen oberer und mittlerer Welt, vermittelt zwischen dir und den Göttern/Geistern, wenn es um Heilung geht.

Alle diese Kräfte helfen dir bei der Selbstwirksamkeit oder anders ausgedrückt, bei der schöpferischen Wunscherfüllung.

So können wir mit FRAU HOLLE (Oya) unseren Charakter erkunden und den Preis erfahren, den wir für die Erfüllung unserer Wünsche zu zahlen haben. Er besteht darin, dass wir unseren Schatten erkennen und annehmen müssen.

Mit APHRODITE (Mami Wata) erkunden wir die Astralwelt und sie zeigt uns, wie wir Dämonen, die uns angreifen, in der Unterwelt besiegen können.

LOKI (Elegba) prüft die Echtheit unserer Wünsche und ARTEMIS (Shango) vermittelt uns die Energie, die wir brauchen, um zu handeln und unsere Absicht in die Tat umzusetzen.

FORTUNA (Osain) sorgt schließlich für den Erfolg bei der Erfüllung unserer Wünsche.

Seit Alters her ist Tanz die geeignete Methode, um im Ritual mit den Göttinnen und Göttern Verbindung aufzunehmen. Der Orientalische Tanz mit seinen Wurzeln in Afrika und dem Orient und mit seinen, bis weit über die Zeit der Antike hinaus, überlieferten Bewegungen ist hierfür besonders geeignet.

Element Luft: Tanze einen Schleiertanz, um Frau Holle zu kontaktieren.
Element Wasser: Tanze einen Baladi zu Aphrodites Ehren.
Element Holz (Spirit): Tanze einen Stocktanz für Loki.
Element Feuer: Tanze einen Trommeltanz für Artemis.
Element Erde: Fortuna freut sich über einen Zimbeltanz.

Lebe ekstatisch im Rhythmus deiner Natur und verbinde dich in Liebe mit deinem Tag.

Wenn du Schwierigkeiten hast, dich in Liebe mit deinem Tag zu verbinden, dann solltest du zuerst deinen feinstofflichen Körper, deine Aura, reinigen. Ich empfehle zur Reinigung des feinstofflichen Körpers die **5 Tibeter** (Yoga-Übungen) regelmäßig morgens auf nüchternen Magen. Jedoch, wenn du schwanger oder krank bist, solltest du eine andere Methode wählen.

Der erste Tibeter (rücklings liegend) reinigt den Astralkörper (Wasser). Der zweite Tibeter (knieend) reinigt den Kausalkörper (Holz/ Spirit). Der dritte Tibeter (sitzend) reinigt den Vitalkörper (Feuer). Der vierte Tibeter (bäuchlings) reinigt den Ätherkörper (Erde) und der fünfte Tibeter (stehend drehen) reinigt den Mentalkörper (Luft).

Schaffe dir ein harmonisches Wohnumfeld nach Feng Shui Kriterien und dein Lebensgefühl wird sich weiter verbessern.
Deine Nahrung sollte zu 2/3 aus Rohkost und nur zu 1/3 aus verarbeiteten Lebensmitteln bestehen. So vermeidest du Zivilisationskrankheiten.

Einen magischen Schutzkreis ziehen

Um unerwünschte Einflüsse während eines Rituals zu bannen, ziehe um dich herum den magischen Schutzkreis.

Wir benutzen stehende Pentagramme für den magischen Schutzkreis. Wir ziehen mit dem Zeigefinger oder Zauberstab ein anrufendes Pentagramm (anrufend = im Uhrzeigersinn) im Osten in Augenhöhe in die Luft. Dabei sprechen wir:

Geist (oder ‚Hüter‘, ‚Wächter‘) des Ostens,

ich rufe dich,

schütze mich!

Wir wiederholen diesen Vorgang für den Süden, Westen und Norden.

Damit haben wir den magischen Schutzkreis gezogen.

Zur Auflösung des magischen Schutzkreises nach erfolgtem Ritual ziehen wir das stehende Pentagramm entgegen den Uhrzeigersinn. Wir beginnen wieder im Osten. Dabei sprechen wir:

Geist des Ostens,

ich bedanke mich

und entlasse dich!

Anschließend folgen Norden, Westen und Süden. Damit ist der Kreis geöffnet.

Einen wirksamen Bannfluch entwerfen

Wie uns Lady Gwen Thompson in der Wiccan-Rede versichert: "Die Sprüche werden wirksam sein, wenn sie geschmiedet sind im Reim." Darüber hinaus hat sich nach meiner Erfahrung die nachfolgende Struktur bewährt. Nach dem Gesetz der Göttin - das ist das Gesetz der Metamorphose der Gegensätze in ihr Gegenteil -

muss der Spruch 5 Elemente enthalten, um zu wirken:

1. Die Erkenntnis der Situation und der Absicht;
2. die Anrufung der Energie;
3. das Abschicken der Energie (= Entspannung, Heilung);
4. die Bannung;
5. die Manifestation

Beispiel:

1. Erkenntnis

Der Göttin Schöpfung ist vollkommen,
durch genm. Impfung (KI)
wird sie uns genommen.
Dieser Frevel falle nun
zurück auf jene, die das tun.

2. Anrufung

Deshalb Göttin, lege ich in deine Hand die Rechnung,
die Big Pharma mit der Menschheit erfand.

3. Energielenkung

Damit sie nicht weiterhin gehen über Leichen,
mögest Du diese Rechnung begleichen.

4. Bannung

Das ist mein Wille, so soll es sein,
im Namen der Ma'at
richte ich es jetzt ein.

5. Manifestation

Dem Himmel sei Dank,
Big Pharma versank
und mit ihr all die
Beteiligten an der Blasphemie.

Im Rahmen eines Analogiezauber-Rituals, bei dem das ,Schiff Big Pharma' im Feuer verbrannt wird oder im Wasser versinkt, 3 x gesprochen, sollte dem Erfolg nichts mehr im Weg stehen.

Übrigens habe keine Angst, einen Bannfluch auszusprechen. Es kommt nichts zurück. Denn durch das Gesetz der Göttin (siehe oben) bist du in diesem Fall "Ein Teil von jener Kraft, die stets das 'Böse' will und stets das 'Gute' schafft." (Goethe, Faust) Oder anders ausgedrückt: Verwünschungen werden von Anhängerinnen und Anhängern der 'Alten Religion' meist eingesetzt als Bestrafung. Anders als schwarzmagische Manipulationen äußern sich Hexenflüche dadurch, dass sie wieder verschwinden, ohne weiteren Schaden anzurichten, wenn man seine Schuld aussühnt.

Spruch für Halloween

Oh Hekate, Hathor, Kali, Pele und Cerridwen,
ihr Göttinnen der Unterwelt,
lasst es geschehen.
Ich rufe euch, kommt herbei,
nehmt weg den Maßnahmen-Spuk
und macht uns frei.
Sie impfen unsere Kinder mit KI und bringen große Not.
Schickt die Betrüger in die Hölle,
noch vor ihrem Tod.

Ihr Maßnahmen-Opfer im Jenseits
ich beschwöre euch.
Die Kriminellen an der Macht,
sie gehören euch.
Für deren Streben
habt ihr euer Leben gegeben.
Jene, die aus Habgier und Menschenverachtung
die Menschheit knechten,
holt sie euch!
Damit das Verbrechen gegen die Lebenskraft
wieder gut gemacht,
und die Vergeltung euch euren Frieden gebracht.
Die Not ist gebannt.
Der Ausgleich sie fand,
weil ich es genannt.
Mit der Göttin Hilfe ist es vollbracht
in dieser Nacht.

Ritual:[4] Mit einer weißen Kerze, damit beschwören wir die Toten, in die auf gegenüberliegende Seiten die Worte "Betrüger" und "Opfer" eingeritzt werden, und 2 Stecknadeln, je eine schwarze und eine weiße, wird der Plan die Menschheit zu knechten, in dieser Nacht durchkreuzt. Die schwarze Stecknadel von oben nach unten in das Wort "Betrüger" stechen und die weiße von oben nach unten in das Wort "Opfer", sodass sich die Nadeln kreuzen. Während die Kerze brennt, den Zauberspruch 9 x sprechen. Wenn die Flamme die Stecknadeln erreicht hat und diese herausfallen, den Spruch an der Flamme entzünden und abbrennen lassen, danach die Kerze mit einem Löscher löschen und den Kerzenrest zusammen mit den Stecknadeln im Hausmüll entsorgen.

---

4 Frei nach einer Idee von Hexenladen, Hamburg.

Ein Kerzenritual zur Realitätsumwandlung bei Machtmissbrauch

Unlängst wurde hierzulande der Boden des GG verlassen. Ab sofort gilt je nach Wetterlage 2G, 3G, 2G+ oder 1G anstatt GG. Willkommen in Willküristan.

Wenn du auch der Meinung bist, dass die kriminellen Pharma-Interessen-Vertreter in Politik, Wissenschaft und Medien davon ablassen sollten, die Leute mit ihrem Pandemieglauben zu schikanieren, dann wende folgenden Bannfluch an.

Mache das Ritual an einem Samstag, um die Saturnkräfte einzubeziehen. Du brauchst eine lila Kerze, eine Stecknadel mit lila oder schwarzem Kopf.

Ritze in die Kerze auf gleicher Höhe die Worte ‚Kriminelle' und ‚Impf-Übel' ein. Kanalisiere deine Wut und zische die Wörter an, dadurch bekräftigst du deine Absicht zur Zerstörung der Kriminellen und des Impf-Übels. Stell dir dabei vor wie Schlangen oder Würmer in die Kriminellen kriechen und sie von innen zerstören. Lege deine ganze Wut in das Zischen hinein. Dann steche die Nadel mehrmals in die Wörter hinein, so wie du sie in eine Voodoo-Puppe stechen würdest und lass sie zuletzt in der Kerze stecken. Wenn der Zauber vollbracht ist, muss auch deine Wut verschwunden sein.

Entzünde die Kerze und sprich 9 x:

Ich rufe die große Göttin herbei
in Gestalt der mächtigen Drei.
Nimm weg das Impf-Übel
und mach uns frei.
Die Kriminellen an der Macht
sind hiermit zu Fall gebracht.
Damit die Inszenierung der Seuche
von diesem Planeten entweiche.
Das ist meine Wille,
ich bin so frei.
Hilf uns jetzt
und steh uns bei.
Durch die Macht von 3 x 3
wirke der Zauber.
auf dass es so sei.

Das Feuer der Transformation hat deinen Wunsch aufgenommen sobald die Stecknadel herausgefallen ist. Lösche die Kerze und entsorge sie und die Nadel im Hausmüll. Der Zauber findet jetzt seinen eigenen Weg.

Weihe einer Feder im Artemisia Rauch (Erkenntniszauber)

Räuchere mit der Pflanze Artemisia vulgaris, nimm deine Feder, halte sie in den Rauch und sprich:

Auf dass der Zauber,

den ich vollbringe,

im Einklang sei mit Ma'at,

damit es gelinge.

So weihe ich jetzt meine Feder,

als Zeichen des Geistes,

in diesem Rauch,

der Göttin Artemis gewidmet,

so wie ich auch.

Anschließend die Feder auf den Nachttisch legen und den luziden Traum abwarten.

Auf diese Weise können auch alle anderen Gegenstände für den magischen Gebrauch geweiht werden. Der Spruch muss dementsprechend angepasst werden. Beispiel: Für die Weihung deines Zauberstabs passe die Zeilen 5 und 6 entsprechen an, indem du sprichst:

„(…) So weihe ich jetzt diesen Stab,

als Zeichen der Kraft …".

Für die Weihung eines Amuletts passe den Spruch je nach Amulett entsprechend an.

Beispiele:

Auf dass die ‚Hand der Fatima'
mir Wohlstand, Glück
und Anmut bringe.
Mit Ishtars und Tanits Hilfe
soll es geschehen,
damit es gelinge.
So weihe ich jetzt dies Amulett,
als Zeichen des Schutzes ...

Auf dass das ‚Auge des Horus'
mir Gesundheit und
Vollkommenheit bringe.
Mit Isis' Hilfe
soll es geschehen,
damit es gelinge.
So weihe ich jetzt dies Amulett,
als Zeichen des Heils ...

usw.

Spruch, um verloren Gegangenes wiederzufinden

Mit diesem Spruch kann alles verloren Gegangene wieder gefunden werden, seien es Sachen, Menschen, Eigenschaften etc.

Was ich verlor, ruf ich zurück.
Mein magisches Wesen hilft mir zum Glück.
Nach dem Gesetz der Drei
kommt es herbei
was ich vermisst,
auf dass es so sei.

Diesen Spruch voller Inbrunst dreimal sprechen und sich dabei auf das Verlorene konzentrieren.

Wer glaubt, seinen eigenen Naturgeist nicht zu kennen und mutig genug ist, kann es ja einmal mit diesem Spruch versuchen, um ihn wieder zu finden und sich überraschen lassen, was passiert. Allerdings musst du Geduld haben, wenn es nicht gleich auf Anhieb klappt. Ebenso kann man seine verloren gegangene Freiheit wieder herbei rufen. Viel Glück.

Über den eigenen Schatten springen

Soweit der kurze Einblick in die Praxis der 'niederen Magie'. Wer in die 'hohe Magie' bzw. 'innere Alchemie' eingeweiht werden will, der findet Denkanstöße in meinem 'Buch der Schatten'.
Übrigens, mehr über deinen Naturgeist, deine Tiernatur, erfährst du ebenfalls im 'Buch der Schatten'.

Alle hier aufgeführten Zauber sind selbstverständlich ohne Erfolgsgarantie. Der Erfolg hängt unter anderem von deiner persönlichen Magie ab. Bei der Stärkung deiner persönliche Magie hilft z.B. die ‚innere Alchemie' sowie alle kreativen Tätigkeiten (siehe Kapitel

"Persönliche Kraft entwickeln"). Desweiteren brauchst du den Beistand der Göttin, damit der Zauber funktioniert. Das bedeutet, du musst eine Priesterin der ‚Alten Religion' sein.

Zur Priesterin der ‚Alten Religion' wirst du im Traum berufen. Die Göttin - das ist die Kraft der heimatlichen Erde - spricht im Traum zu dir. Deshalb solltest du dich mit deinen Träumen auskennen, damit du den Ruf der Göttin nicht verpasst. Anschließend unterrichtet sie dich in der Anderswelt und versetzt dich in die Lage Dämonen (Quälgeister) zu besiegen, denn darum geht es hauptsächlich.

Smeralda Grün schlägt vor: Um die Hexenkraft zu erwecken, solle man sich in Pentagramm-Stellung draußen in der Natur nachts bei Vollmond auf den Boden legen und die Thymusdrüse beklopfen.[5] Einen Versuch ist es sicher wert.[6] Jedoch musst du nach meiner Erfahrung eben auch zum Schattenkrieger werden. Genauer: du musst zu jemandem werden, der über seinen Schatten springt und auf diese Weise seine Tiernatur bezwingt, damit sie ihm dienstbar wird. Das auf diese Weise umgewandelte Leiden nannten die

---

5 Smeralda Grün, Ausschlag, Krätze, Hinkebein
6 Ein weiteres Ritual zur Selbsteinweihung in die Hexenkraft findet sich bei Scott Cunningham, Wicca.

alten Ägypter die KA-Seele. Sie wurde in der alt-ägyptischen Ikonographie meistens als Vogel dargestellt.

Derart gelingen deine Zauber, weil deine KA-Seele nachts in der Unterwelt zusammen mit der Göttin die Dinge für dich regelt. Das aber stärkt deine Magie.

Traumweben mit Runen

Runen sind mächtige Heil- und Zauberzeichen der germanischen Götter.

Wenn du ein unlösbares Problem hast, gibt dir Loki nachts in der Unterwelt die Rune, die es lösen hilft. Wahrscheinlich hörst du den Namen der Rune nachts im Traum, denn das Wort ‚Rune' bedeutet ‚raunen'.

Um eine Rune zu erhalten, die dir hilft, sprich innerlich abens im Bett solange bis du einschläfst fogenden Spruch:

Göttin der Nacht,

gib auf mich acht,

das Problem soll weichen,

schick mir ein Zeichen,

Loki möge es mir reichen.

Sobald du deine Rune erhalten hast, male sie abends vor dem Einschlafen mit Öl oder Creme auf deine Stirn und flüstere bzw. raune dreimal ihren Namen. Sie wird dir in der Unterwelt während des Schlafs helfen, dein Problem zu lösen und dich heilen oder dir im Traum Hinweise geben, damit du weißt, was zu tun ist und wie du weiter vorgehen sollst.

Achtung: Niemals leichtfertig um eine Rune bitten. Loki kann zwischen echten und Pseudo-Problemen unterscheiden. Alles was du selbst lösen kannst, musst du auch selbst in Angriff nehmen, sonst spielt dir Loki einen Streich.

Runenauswahl

FEHU	Wachstum, Wohlstand
URUZ	Ursprung, Ursache
THURISAZ	Preis, Strafe Gottes
ANSUZ	Im Fluss sein, Synchronizität
RAIDHO	Ordnung, Recht, Justizia
KENAZ	Weisheit, Offenheit
GEBO	Geben und Nehmen, Harmonie
WUNJO	Freude, Glück
HAGALAZ	Abgrund, Unglück, Krankheit
NAUTHIZ	Schicksal
ISA	Schatten, Tiernatur
JERA	Ernte
EIHWAZ	Veränderung
PERTHRO	Geheimnis, das Verborgene
ALGIZ	Schutz
SOWILO	Wohlbefinden, Gesundheit
TIWAZ	Phönix aus der Asche
BERKANO	Unwägbarkeiten, Zufälle
EHWAZ	Rücksichtnahme, sich kümmern
MANNAZ	Vernunft
LAGUZ	Eingebung
INGWAZ	Fähigkeit
OTHALA	Ahnenerbe
DAGAZ	Durchbruch
OS	Befreiung
KAUN	Göttin
HAGAL	Kraft
AR	Gott
YR	Falschheit
EH	Geistige Übereinstimmung, Liebe
FYRFOS	Heilung, Unsterblichkeit
GIBOR	Auferstehung

Für ein Runenorakel nimm 30 ca. gleich große Kieselsteine und male die Runen darauf, ohne KAUN und AR. Tue die Steine in einen Beutel. Bei einer Frage greife mit der linken Hand in den Beutel und ziehe eine Rune als Antwort heraus.

Anmerkungen zu Göttinnen und Göttern

Es gibt viele Göttinnen und Götter, ebenso wie es viele Völker auf der Erde gibt. Mir ist unter anderem aufgefallen:
Kali besiegt alle Dämonen.
Isis macht alles wieder heil.
Christus befreit uns von unseren Sünden.
Was sagt uns das?
Die Göttinnen und Götter sind alle große Geistheiler. Deshalb ist es völlig egal welche Gottheit du verehrst. Alle diese Religionen sind nur verschiedene Wege zum selben Ziel: Geistheilung.
Deshalb muss man den Göttinnen und Göttern auch nicht opfern, um sie wohlgesonnen zu machen, damit sie unsere Wünsche erfüllen. Das wäre die falsche Auffassung von Götter- /Göttinnen-Verehrung. Stattdessen sollen wir von ihnen lernen, wie man sich seine Wünsche mit ihrer Hilfe selbst erfüllt.
Wenn du ihnen nachstrebst, dann kannst du zum Beispiel von ihnen lernen wie du dich selbst durch deinen Geist heilen kannst. Genau deshalb sind wir auf diesem Planeten inkarniert, um zu lernen wie wir unseren Geist benutzen und soweit stärken können, dass wir uns selbst heilen können. Heilung und Harmonie gehört zur Natur dieses Planeten und somit auch zu unserer eigenen Natur.
Buddhisten nennen diesen Weg des Lernens: ‚Weg der Erleuchtung'. Für mich ist das der

Weg der Selbstwirksamkeit, der Weg der Magie.

Als Lenin vor ca. 100 Jahren sagte: ‚Religion ist Opium fürs Volk', hat er den Menschen absichtlich diesen Weg der Selbstwirksamkeit versperrt, um seine eigene Doktrin des wissenschaftlichen Sozialismus an dessen Stelle zu setzen und sich selbst an die Stelle der Göttinnen und Götter. Die Diktatur des Proletariats ist nichts anderes als die Herrschaft einer einzigen Partei über die Köpfe und somit die geistige Vielfalt der Menschen. Das aber ist Reduktion. Der Mangel ist vorprogrammiert.

Die bei uns derzeit praktizierte Pharma-Willkür ist auch nichts anderes. Eine einzige Instanz will in diesem Fall im Namen der Gesundheit das Leben aller Menschen bestimmen. So etwas ist in Deutschland im GG aber nicht vorgesehen[7], denn das wäre die Vergewaltigung des der menschlichen Natur innewohnenden Strebens nach Selbstbestimmung und Selbstwirksamkeit durch freie Entfaltung im Leben zum Zwecke der Vervollkommnung der geistigen Kraft im Sinne der Erfüllung der eigenen Natur.

Dieses Streben ist aber gleichzeitig auch eine unabdingbare Voraussetzung für das Gelingen von Magie und Schöpfungskraft.

In diesem Sinne hoffe ich, dich inspiriert zu haben und wünsche dir der Göttin Segen auf deinen Wegen.

---

7   Deshalb wurde das GG extra von der Bundesregierung am 10.12.2021 entsprechend eingeschränkt. Bundesgesetzblatt Jahrgang 2021 Teil I Nr. 83

Gottes Schöpfung
ist vollkommen.
Durch genm. Impfung (KI)
wird sie uns genommen.
Dieser Frevel
falle nun
zurück auf jene,
die das tun.

Deshalb, Göttin,
lege ich in Deine Hand
die Rechnung,
die Big Pharma
mit der Menschheit erfand.
Damit sie nicht weiterhin
gehen über Leichen,
mögest Du
diese Rechnung begleichen.

Das ist mein Wille.
So soll es sein.
Im Namen der Ma'at
richte ich es jetzt ein.
Dem Himmel sei Dank,
Big Pharma versank
und mit ihr all die
Beteiligten an der Blasphemie.

Die Autorin bezeichnet sich selbst als Solitary-Wicca. Sie ist Mitglied in der Fellowship of Isis, Irland.
Ihr ‚Buch der Schatten' befasst sich mit der ‚hohen Magie'.

Shakti Morgane, Buch der Schatten
Ringbuchausgabe: ISBN 9783739234748
Taschenbuch: ISBN 9783754316054
Hardcover: ISBN 9783749420582
eBook: ISBN 9783749473793